Matthias Fiedler

Innovatiivisen kiinteistöjen yhteensovituksen idea: Yksinkertaistettu kiinteistövälitys

Kiinteistöjen yhteensovitus: Tehokas, yksinkertainen ja ammattimainen kiinteistövälitys innovatiivisen kiinteistöjen sovitusportaalin avulla

Kustannustiedot

Ensimmäisen painetun kirjan painos | helmikuu 2017
(Alun perin julkaistu saksaksi joulukuussa 2016)

© 2016 Matthias Fiedler

Matthias Fiedler
Erika-von-Brockdorff-Str. 19
41352 Korschenbroich
Saksa
www.matthiasfiedler.net

Suunnittelu ja painaminen
Katso viimeiseltä sivulta

Kannen suunnittelu: Matthias Fiedler
E-kirjan luominen Matthias Fiedler

ISBN-13 (paperikantinen): 978-3-947082-63-6
ISBN-13 (e-kirja mobiililaitteille): 978-3-947082-64-3
ISBN-13 (e-kirja sähköinen laitos): 978-3-947082-65-0

Saksan kansalliskirjaston bibliografiset tiedot:
Saksan kansalliskirjasto luettelee tämän julkaisun Saksan
kansalliskirjastossa; yksityiskohtaiset bibliografiset tiedot ovat
saatavilla Internetillä sivustolla http://dnb.d-nb.de.

SISÄLLYSLUETTELO

Tässä kirjassa selostetaan vallankumouksellinen globaalinen kiinteistöjen yhteensovituksen konsepti portaalille (App - sovellus) laskelmineen huomattavasta liikevaihdon potentiaalista (miljardeissa euroissa), johon sisältyy kiinteistövälityksen integroitu ohjelmisto (miljardien eurojen liikevaihdon potentiaalilla). Tämän avulla voidaan asuin- ja liikekiinteistöjä, omassa- tai vuokrakäytössä, välittää tehokkaasti ja aikaa säästäen. Tämä on innovatiivisen ja ammattimaisen kiinteistövälityksen tulevaisuus kaikille kiintcistövälittäjille ja kiinleistöistä kiinnostuneille. Kiinteistöjen yhteensovitus toimii lähes kaikissa maissa ja jopa maiden välillä.

Sen sijaan, että kiinteistöjä "tuodaan "ostajalle tai vuokraajalle, kiinteistöjen yhteensovitusportaaliin voidaan kelpuuttaa kiinteistöjen osapuolia (hakuprofiili) ja kiinteistövälittäjä voi vertailla ja linkittää tarjoamiaan kiinteistöjä heihin.

SISÄLTÖ

ESIPUHE

Vuonna 2011 olen läpikäynyt ja luonut tässä kuvatun idean innovatiivisestä kiinteistöjen yhteensovituksesta.

Olen toiminut kiinteistövälityksen liiketoiminnassa vuodesta 1998 (mukaan lukien kiinteistövälityksen, ostot ja myynnin, arvioimisen ja kiinteistökehityksen). Olen muun muassa ollut kiinteistövälittäjä (IHK), diplomi kiinteistöjen taloustieteilijä (ADI) ja sertifioitu kiinteistöarvioiden (DEKRA) asiantuntija, samoin kuin kansainvälisesti tunnustetun kiinteistöyhteisön, Royal Institution of Chartered Surveyors (MRICS) jäsen.

Matthias Fiedler

Korschenbroich 31.10.2016

www.matthiasfiedler.net

1. Innovatiivisen kiinteistöjen yhteensovituksen idea: Yksinkertaistettu kiinteistövälitys

Kiinteistöjen yhteensovitus: Tehokas, yksinkertainen ja ammattimainen kiinteistövälitys innovatiivisen kiinteistöjen sovitusportaalin avulla

Sen sijaan, että kiinteistöjä "tuodaan "ostajalle tai vuokraajalle, kiinteistöjen yhteensovitusportaaliin voidaan kelpuuttaa kiinteistöjen osapuolia (hakuprofiili) ja kiinteistövälittäjä voi vertailla ja linkittää tarjoamiaan kiinteistöjä heille.

2. Kiinteistöistä kiinnostuneiden ja kiinteistöjen tarjoajien tavoitteet

Kiinteistöjen myyjän ja vuokraajan näkökulmasta on tärkeää, että heidän kiinteistönsä myydään tai vuokrataan nopeasti ja mahdollisimman korkeaan hintaan.

Kiinteistön ostajien ja vuokraajien näkökulmasta on tärkeää, että kiinteistö vastaa heidän toivomuksiaan ja voidaan ostaa tai vuokrata sekä nopeasti, että ilman ongelmia.

3. Aikaisemmat menetelmät kiinteistön etsinnässä

Yleensä kiinteistöjen osapuolet katselevat haluamansa alueen suuria kiinteistöportaaleja Internetillä. Näillä he voivat vastaanottaa sähköpostitse luettelon nykyisistä kiinteistölinkeistä luotuaan lyhyen hakuprofiilin. Usein tämä sisältää kaksi tai kolme kiinteistöportaalia. Jälkeenpäin tarjoaja tavallisesti ottaa yhteyttä sähköpostitse. Tämä antaa tarjoajalle mahdollisuuden ja luvan tulla yhteyteen kiinnostuneiden kanssa.

Lisäksi, kiinnostuneihin ottaa yksittäin yhteyttä halutun alueen kiinteistövälittäjä ja antaa hakuprofiilinsa.

Kiinteistöportaalin tarjoajissa on kyse yksityisistä ja liikeyritysten tarjoajista. Liikeyritysten tarjoajat ovat pääasiassa kiinteistövälittäjiä ja osittain rakennusurakoitsijoita, kiinteistökauppiaita ja muita kiinteistöyrityksiä (tekstissä kuvataan yritysten tarjoajia kiinteistövälittäjiksi).

4. Yksityisten tarjoajien epäkohdat / kiinteistövälittäjien edut

Myyntikiinteistöissä eivät yksityisten myyjien taholta tapahdu aina nopeaa myyntiä, koska esimerkiksi perityllä kiinteistöllä ei ole yksimielisyyttä perinnön suhteen tai perinnön päätösasiakirjat puuttuvat. Jatkossa voi myyntiä vaikeuttaa selvittämättömät lakiteemat, kuten muun muassa asumisoikeus.

Vuokrakiinteistöissä saattaa tapahtua, että yksityinen vuokraaja ei ole noudattanut julkisia vaatimuksia, esimerkiksi, kun yrityskiinteistö (-alue) vuokrataan asunnoksi.

Kun kiinteistövälittäjä on tarjoajana, hän on yleensä selvittänyt edellä mainitut näkökohdat. Tämän lisäksi ovat asianmukaiset kiinteistön tiedot (pohjapiirros, sijainti, energiatodistus, rekisteröintiasiakirjat, julkiset asiakirjat jne.) jo valmiina. –Täten nopea ja ongelmista vapaa myynti tai vuokraus on mahdollinen.

5. Kiinteistöjen yhteensovitus

Myyjien ja vuokraajien välisen yhteyden saavuttamiseksi nopeasti ja tehokkaasti kiinnostuneiden ja myyjien tai vuokraajien välille, on yleensä tärkeää järjestelmällinen ja ammattimainen lähestymistapa.

Tämä tapahtuu menetelmässä eri tavalla suunnatun menetelmän avulla, mitä tulee hakemiseen ja löytämiseen kiinteistövälittäjän ja kiinnostuneiden välillä. Sen sijaan, että kiinteistöjä "tuodaan "ostajalle tai vuokraajalle, kiinteistöjen yhteensovitusportaaliin voidaan kelpuuttaa kiinteistöjen osapuolia (hakuprofiili) ja kiinteistövälittäjä voi vertailla ja linkittää tarjoamiaan kiinteistöjä heille.

Ensi vaiheessa osapuolet laativat konkreettisen hakuprofiilin kiinteistöjen yhteensovitusportaaliin. Tämä hakuprofiili

14

sisältää noin 20 ominaisuutta. Muun muassa seuraavat ominaisuudet (ei mikään täydellinen luettelo) ovat olennaisia hakuprofiilille.

- Sijainti/postinumero/paikkakunta
- Tavoitetyyppi
- Kiinteistön koko
- Asuinpinta-ala
- Osto-/vuokraushinta
- Valmistusvuosi
- Kerros
- Huonelukumäärä
- Vuokrattu (kyllä/ei)
- Kellari (kyllä/ei)
- Parveke/terassi (kyllä/ei)
- Lämmitystapa
- Pysäköintitila (kyllä/ei)

Tässä on tärkeää, että ominaisuuksia ei anneta vapaasti, vaan napsauttamalla tai avaamalla

15

kyseinen ominaisuuksien kenttä (esim. kohteen tyyppi) luettelolta etukäteen annetuilla mahdollisuuksilla/vaihtoehdoilla (esim. kohteen tyypille: huoneisto, yhden perheen talo, varastohalli, toimisto...).

Vaihtoehtoisesti, kiinnostuneille voidaan luoda ylimääräinen hakuprofiili. Hakuprofiilien muuttaminen on myös mahdollista.

Kiinnostuneet voivat lisäksi antaa täydet yhteystiedot ennakkoon annettuihin kenttiin. Näitä ovat sukunimi, etunimi, katuosoite, postinumero, paikkakunta, puhelinnumero ja sähköpostiosoite.

Tässä yhteydessä antavat osapuolet suostumuksensa yhteyden ottoon ja sopivien kiinteistöjen lähettämisestä kiinteistövälittäjän toimesta.

Sen lisäksi solmivat osapuolet kiinteistöjen yhteensovitusportaalista sopimuksen toistensa kanssa.

Seuraavassa vaiheessa ovat hakuprofiilit ohjelmoinnin rajapinnan kautta (API – Sovellusohjelmoinnin rajapinta) –verrattavissa esimerkiksi "openimmoon "Saksassa –liittyneen kiinteistönvälittäjän käytettävissä, vaikka ei vielä näkyvissä. Tässä tulee huomata, tämä ohjelmointirajapinnan –ikään kuin avain toteutukseen –tulisi tukea jokaista käytännössä olevaa kiinteistönvälittäjän ohjelmistoa, tai mahdollistaa tiedonsiirron. Ellei, tulisi sen olla teknisesti mahdollista. –Kun ohjelmointirajapinnat, kuten yllä mainittu ohjelmointi "openimmo "ja muuta ohjelmointirajapinnat ovat käytössä, tulisi hakuprofiilien siirto olla mahdollista.

Nyt vertailee kiinteistövälittäjä hänen välitettävinään olevia kiinteistöjä hakuprofiiliin. Tätä varten luodaan kiinteistöjen yhteensovitusportaali ja vastaavasti ominaisuuksia verrataan ja linkitetään. Onnistuneen vertailun jälkeen antaa yhteensovituksen vastaavalla prosenttiluvulla. – Esimerkiksi 50 prosentin yhteensovituksella tulee hakuprofiili kiinteistövälittäjän ohjelmistoon näkyville.

Yksittäiset ominaisuudet ovat tässä toistensa yläpuolella painotettuina (pistejärjestelmä), joten ominaisuuksien prosenttiluku antaa ominaisuuksien vertailun (täsmäämisen todennäköisyytenä). –Esimerkiksi ominaisuus "kohteen tyyppi "on painotettu korkeammaksi kuin ominaisuus "asunnon pinta-ala". Lisäksi, määrätyt ominaisuuden (esim. kellari) voidaan valita,, kun tässä kiinteistössä on sellainen oltava.

Yhteensovituksen ominaisuuksien vertailun aikana on huomioitava, että kiinteistövälittäjän on annettava pääsy toivottuihin (varattuihin) sijainteihin. Tämä vähentää tietojen synkronoinnin kustannuksia. Etenkin vastaavat kiinteistövälittäjät toimivat usein alueellisesti. – Tässä on otettava huomioon, että niin kutsutun "pilven "vuoksi, suurten tietomäärien tallennus ja käsittely meidän aikanamme on tullut mahdolliseksi.

Ammattimaisen kiinteistövälityksen aikaansaamiseksi, on ainoastaan kiinteistövälittäjillä pääsy hakuprofiileihin.

Sen lisäksi solmivat osapuolet kiinteistöjen yhteensovitusportaalista sopimuksen toistensa kanssa.

Vertailun/yhteensovituksen jälkeen, saa kiinteistövälittäjä ottaa yhteyttä osapuoleen ja päinvastoin, osapuoli voi ottaa kiinteistövälittäjään yhteyden. Tämä merkitsee myös sitä, että kun kiinteistövälittäjä on lähettänyt esittelyn osapuolelle, tulee toiminnan todiste tai keskustelu kiinteistövälittäjän kanssa hänen välittäjäpalkkioonsa, kun kauppa tai vuokrasopimus tehdään, myös dokumentoiduksi.

Tämä edellyttää, että omistaja (myyjä tai vuokraaja) on antanut kiinteistön kiinteistönvälittäjälle välityksen toimeksi tai antanut ymmärtää, että hän saa tarjota kiinteistöä.

6. Käyttöalueet

Tässä kuvattua kiinteistön yhteensovitusta voidaan käyttää asuntojen ja liikehuoneistosektorin myyntiin ja vuokraukseen. Yrityskiinteistöille on tarpeen vastaavasti lisää kiinteistöominaisuuksia.

Osapuolella voi olla, kuten yleensäkin käytännössä, myös kiinteistövälittäjä, kun hän esimerkiksi toimii asiakkaan puolesta.

Alueellisesti katsottuna, kiinteistön yhteensovitusportaalia voidaan käyttää melkein joka maassa.

7. Edut

Tämä kiinteistön yhteensovitus tarjoaa suuria etuja osapuolelle, esimerkiksi kun hän alueeltaan (asuinpaikaltaan) tai ammatissaan vaihtaa toiseen kaupunkiin/alueelle ja etsii kiinteistöä.

Annat hakuprofiilisi vain kerran ja vastaanotat siitä toivotun alueen toimivilta kiinteistövälittäjiltä sopivien kiinteistöjen tietoja.

Kiinteistövälittäjälle ohjelma tarjoaa suuria etuja, mitä tulee tehokkuuteen ja ajan säästöön myytäessä tai vuokrattaessa.

Saat välittömästi yleiskuvan siitä, kuinka suuri konkreettisten osapuolten potentiaali on kiinteistöjen tarjonnassa.

Lisäksi, kiinteistönvälittäjät voivat keskustella suoraan vastaavan tavoiteryhmän osapuolten kanssa, jotka ovat antaneet hakuprofiiliinsa konkreettisia ajatuksia toive-kiinteistöistänsä (muun muassa kiinteistöesitteiden lähettämisestä).

Tällä tavoin yhteydenotto paranee laadullisesti niiden osapuolten kanssa, jotka tietävät mitä he ovat etsimässä. Tällä tavoin toimittaa seuraavien esittelytapaamisten lukumäärä pienenee. –Täten alenee koko markkinoinnin välitettävän kiinteistön ajankäyttö.

Välitettävän kiinteistön esittelyn liittämistä seuraa osapuolille –kuten tavallista –osto- tai vuokrasopimus.

8. Esimerkkilaskelma (potentiaalinen) – ainoastaan itse käytettävät asunnot ja talot (ilman vuokra-asuntoja ja taloja ja yrityskiinteistöjä)

Seuraavassa esimerkissä ilmenee, mikä potentiaali kiinteistön yhteensovitusportaalilla on.

Asuinalueella, jossa on 250 000 asukasta, kuten Mönchengladbachin kaupungissa, on tilastollisesti perustettu 125 000 taloutta (kaksi asukasta taloudessa). Keskimääräinen muuttomäärä on noin 10 %. Täten vuodessa muuttaa 12 500 taloutta. –Tulo- ja poismuuttojen määrää Mönchengladbachissa ei ole otettu tässä huomioon. –Näistä etsii noin 10 000 taloutta (80 %) vuokrakiinteistöä ja noin 2 500 taloutta (20 %) ostokiinteistöä.

Kiinteistömarkkinoiden raportin mukaan Mönchengladbachin kaupungissa oli vuonna

2012 2 613 kiinteistön ostokauppaa. –Tämä vahvistaa oletetun luvun, 2 500 ostosta kiinnostunutta. Luku on tosiasiassa suurempi, koska kaikki ostosta kiinnostuneet eivät ole löytäneet kiinteistöänsä. Arviolta tulee tosiasiallisten kiinnostuneiden lukumäärä tai konkreettisesti hakuprofiilien määrä olemaan kaksi kertaa suurempi kuin keskimääräinen muuttomäärä, joka on noin 10 %, eli 25 000 hakuprofiilia. Tämä sisältää muun muassa sen, että kiinnostuneet luovat enemmän hakuprofiileja kiinteistöjen yhteensovitusportaaliin.

On myös maininnan arvoista, että noin puolet kaikkien osapuolten (ostajat ja vuokraajat) olivat löytäneet kiinteistönsä kiinteistövälittäjältä, siis yhteensä 6 250 taloudelle.

Kaikkiaan vähintään 70 % kaikista talouksista olivat hakeneet niitä Internetin kiinteistövälittäjäportaaleilta, joka merkitsee yhteensä 8 750 taloutta (ja vastaa 17 500 hakuprofiilia).

Jos 30 % kaikista kiinnostuneista, toisin sanoen, 3 750 taloutta (vastaten 7 500 hakuprofiilia) Mönchengladbachin kaltaisessa kaupungissa, olisi luoneet hakuprofiilinsa kiinteistöjen yhteensovitusportaaliin (App −Sovellus) vuodessa 1 500 konkreettista hakuprofiilia (20 %) ostosta kiinnostuneita ja 6 000 konkreettista hakuprofiilia vuodessa vuokrauksesta kiinnostunutta hakuprofiilia (80 %), olisi kiinteistövälittäjä voinut tarjota heille sopivia tarjouksia.

Toisin sanoen, keskimääräisessä haun kestossa 10 kuukauden aikana ja 50 euron esimerkkihinnalla kuukaudessa jokaiselle luodulle hakuprofiilille kaikille kiinnostuneille syntyy 7 500 hakuprofiilille 3 750 000 euron liikevaihdon potentiaali vuodessa 250 000 asukkaan kaupungissa.

Kerrottaessa Saksan Liittovaltiossa pyöreästi 80 000 000 (80 miljoonalla) asukkaalla saadaan potentiaaliseksi liikevaihdoksi 1 200 000 000 euroa (1,2 miljardia euroa) vuodessa. –Jos 30 % asemesta kaikkien kiinnostuneiden prosentuaalinen määrä olisi 40 % ja he hakisivat kiinteistöjään kiinteistöjen yhteensovitusportaalin kautta, kohoaisi potentiaalinen liikevaihto 1 600 000 000 euroon (1,6 miljardia) vuodessa,

Tämä potentiaalinen liikevaihto käsittää vain omistusasuntoja ja taloja. Vuokra- tai investointikiinteistöt asuntokiinteistöjen sektorilla ja koko liikekiinteistösektori eivät sisälly näihin potentiaalilaskelmiin.

Saksan 50 000 yrityksen lukumäärällä kiinteistöjen välityksessä (sisältäen myös rakennusyritykset, kiinteistövälittäjät ja muut

27

kiinteistöyritykset) noin 200 000 työntekijällään ja esimerkinomaisella 20 % osalla näistä 50 000 yrityksestä, jotka keskimäärin käyttäisivät kiinteistöjen yhteensovitusportaalia kahdella lisenssillä, antaisi esimerkkiluontoisella hinnalla 300 euroa kuukaudessa/lisenssi, joka olisi potentiaalinen 72 000 000 euron liikevaihto /72 miljoonaa euroa) vuodessa. Sen lisäksi tulisi alueellinen määrä näille hakuprofiileille, siten että tästä ja suunnittelusta riippuen generoitaisiin lisäksi merkittävä liikevaihdon potentiaali.

Kiinteistövälittäjän ei enää jatkuvasti tarvitsisi käydä läpi tätä suurta kiinnostuneiden potentiaalia konkreettisilla hakuprofiileillaan ja omaa kiinnostuneiden tietokantaa –joka jo on olemassa. Etenkin koska näiden aktuellien hakuprofiilien määrä, jotka monet kiinteistövälittäjät ovat luoneet tietokantoihinsa mitä todennäköisemmin olisi sitä suurempi.

Kun tämä innovatiivinen kiinteistöjen yhteensovitusportaali tulisi käyttöön useissa maissa, voisivat esimerkiksi ostosta kiinnostuneet Saksassa asettaa loma-asuntojen hakuprofiilin Välimeren Mallorca saarelle (Espanjassa) ja Mallorcassa oleva kiinteistövälittäjä voisi löytää sopivan huoneiston ja ilmoittaa saksalaiselle osapuolelle sähköpostitse. –Kun lähetetyt esitykset ovat kirjoitetut espanjaksi, voivat kiinnostuneet tänään saada tukea Internetin käännösohjelmista, joiden avulla voidaan hyvin lyhyessä ajassa kääntää tekstit saksaksi.

Jotta voidaan kielellisesti realisoida hakuprofiilin sovittaminen ja välitettävä kiinteistö, voidaan kiinteistön yhteensovitusportaalin sisällä suorittaa vertailu ominaisuuksista ohjelmoitujen (matemaattisten) ominaisuuksien perusteella – kielestä erillään –ja vastaava kieli lisätään.

Käytettäessä kiinteistöjen yhteensovitusportaalia kaikilla mantereilla, aikaisemmin mainittu liikevaihdon potentiaali (kun otetaan vain hausta kiinnostuneet) hyvin yksinkertaisella laskutavalla, kuten seuraa.

Maailman väestö:

7.500.000.000 (7,5 mrd.) ihmistä

1. Teollisten maiden väestö ja pitkälti teollisuusmaissa:

    2.000.000.000 (2,0 mrd.) ihmistä

2. Nousevien maiden väestö:

    4.000.000.000 (4,0 mrd.) ihmistä

3. Kehitysmaiden väestö:

    1.500.000.000 (1,5 mrd.) ihmistä

Saksan liittotasavallan vuosittainen liikevaihdon potentiaali olisi tasolla 1,2 mrd. euroa 80 miljoonalla ihmisellä, ja voidaan kertoa seuraavilla kertoimilla teollisuusmaissa, kasvavissa maissa, kehitysmaissa.

1. Teollisuusmaat: 1,0

2. Kasvavat maat: 0,4

3. Kehitysmaat: 0,1

Näin ollen seuraavat vuosittainen myynti potentiaali tulokset (€ 1,2 miljardia väestöstä x (teollisuus-, nousevien- ja kehitysmaiden) / 80 miljoonaa asukasta x kerroin).

1. Teollisuusmaat: 30,00 mrd. euroa

2. Kasvavat maat: 24,00 mrd. euroa

3. Kehitysmaat: 2,25 mrd. euroa

   Yhteensä: **56,25 mrd. euroa**

9. Päätelmät

Tässä esitetty kiinteistöjen yhteensovitusportaali tarjoaa kiinteistöjä hakeville (kiinnostuneille) ja kiinteistövälittäjille huomattavia etuja.

1. Kiinnostuneet alentavat huomattavasti sopivilla ominaisuuksilla varustettujen kiinteistöjen hakemiseen käytettyä aikaa, koska he luovat hakuprofiilin vain kerran.

2. Kiinteistövälittäjä saa yleiskuvan konkreettisilla toivomuksilla olevien kiinnostuneiden määrästä (hakuprofiili).

3. Kiinnostuneet saavat vain haluamansa sopivan kiinteistön (hakuprofiilin mukaan), jonka kaikki kiinteistönvälittäjät (lähes automaattisesti valittuna) luovat..

4. Kiinteistövälittäjät alentavat tehtäväänsä yksilöllisten tietokantojen hakuprofiileissa,, koska käytettävissä on

jatkuvasti hyvin suuri joukko ajanmukaisia hakuprofiileja.

5. Koska ainoastaan ammattimaiset kiinteistövälittäjät liittyvät kiinteistöjen yhteensovitusportaaliin, ovat kiinnostuneet yhteydessä ammattimaisiin ja usein kokeneisiin kiinteistönvälittäjiin.

6. Kiinteistövälittäjät alentavan vähentävät kiinteistöjen näyttötapaamisia ja samalla markkinointiin käytettyä aikaa. Vastaavasti kiinnostuneet vähentävät kiinteistöihin tutustumisen aikoja ja ostoon tai vuokraukseen käyttämäänsä aikaa.

7. Myyvät ja vuokraavat kiinteistönomistajat saavat myös osalleen ajansäästön. Lisäksi tapahtuu vuokrakiinteistöjen alhaisempi tyhjillään olo ja aikaisempi ostohinnan suoritus ostokiinteistöissä, johtuen nopeammasta vuokrauksesta tai

myynnistä, ja samalla saadaan taloudellinen etu.

Toteuttamalla ja käyttämällä tätä kiinteistöjen yhteensovituksen ideaa, voidaan kiinteistövälityksessä saavuttaa huomattavaa edistystä.

10. Kiinteistöjen yhteensovituksen liittyminen uuteen kiinteistövälittäjien ohjelmistoon, johon sisältyy myös kiinteistöjen arviointi.

Loppukommentti: tässä kuvattua kiinteistöjen yhteensovitusportaalia voidaan ja tulisi käyttää alkuun olennaisen osana uutta –ihanteellisesti maailmanlaajuista –kiinteistövälittäjien ohjelmistona. Toisin sanoen, kiinteistövälittäjät voivat joko käyttää tätä kiinteistövälittäjien ohjelmiston lisänä, tai ihanteellisesti, uutta kiinteistövälittäjien ohjelmistoa voidaan käyttää yhdessä kiinteistövälityksen yhteensovitusportaalin kanssa.

Tämän tehokkaan ja innovatiivisen kiinteistöjen yhteensovitusportaalin liittämisen avulla uuteen ja omaan kiinteistövälittäjien ohjelmistoon, luodaan perusta ainutlaatuiselle kiinteistövälityksen ohjelmistolle, joka tulee olemaan olennainen markkinoille pääsyyn.

Koska kiinteistövälityksessä olennainen osa on ja tulee olemaan kiinteistöjen arviointi, tulisi kiinteistövälittäjien ohjelmistossa olla ehdottomasti integroituna kiinteistöarvioinnin työkalu. Kiinteistöarviointi vastaavilla laskentatyökaluilla voi ottaa tarvittavat tiedot/parametrit kiinteistövälittäjän syötetyistä/asetetuista kiinteistöistä linkityksen avulla. Tarvittaessa kiinteistövälittäjä korvaa puuttuvat parametrit oman alueellisen markkinointiasiantuntemuksensa avulla.

Sen lisäksi tulisi kiinteistövälitysohjelmistossa olla mahdollisuus integroida niin sanotut virtuaaliset yksilölliset kiinteistön katselmukset annetuille kiinteistöille. Nämä voitaisiin toteuttaa esimerkiksi yksinkertaisesti kehittämällä matkapuhelimille ja/tai tableteille lisä-App (sovellus), joka onnistuneen virtuaalisen kiinteistön katsonnan tallennuksen jälkeen integroi tai liittää tämän lisäksi automaattisesti kiinteistövälittäjien ohjelmistoon.

Jos tehokas ja innovatiivinen kiinteistöjen yhteensovitusportaali on liitetty uuteen kiinteistövälittäjien ohjelmistoon yhdessä kiinteistöarvioinnin kanssa, kohoaa tämän avulla mahdollinen liikevaihdon potentiaali vielä kerran tuntuvasti.

Matthias Fiedler   Korschenbroich,
                                31.10.2016

Matthias Fiedler

Erika-von-Brockdorff-Str. 19

41352 Korschenbroich

Saksa

www.matthiasfiedler.net

www.ingramcontent.com/pod-product-compliance
Lightning Source LLC
Chambersburg PA
CBHW071529210326
41597CB00018B/2931